Diritto amministrativo

In tasca

1

ARGOMENTI

Diritto: le norme di diritto hanno <u>strumenti applicativi</u>.

Il **diritto privato** concerne più soggetti su un piano di uguaglianza

Nel **diritto pubblico** le posizioni non sono paritarie: l'entità pubblica gode di un potere di supremazia.

Diritto pubblico: amministrativo, penale, costituzionale. Nel diritto pubblico la relazione è tra più soggetti e l'entità pubblica che è adibita a curare interessi pubblici.

La **Pubblica Amministrazione** in senso stretto è formata dal Governo e dai Ministri; in senso ampio, anche da organi regionali, locali, società pubbliche.

Società pubbliche: in controllo pubblico o società partecipate.

FONTI DEL DIRITTO (piramide)

Costituzione e leggi costituzionali

Leggi ordinarie, Decreti Legge, Decreti legislativi

Regolamenti

Usi e consuetudini

Costituzione: caratteri fondamentali

Scritta, rigida, votata, lunga

I primi 12 articoli fondamentali

La formazione delle leggi (70-82)

Art. 70 la funzione legislativa è esercitata collettivamente dalle due Camere

Art. 71 Iniziativa legislativa: Governo, Camere (ciascun membro), **organi e enti cui sia conferita dalla Costituzione** (CNEL e Regioni), **il popolo** (prop. di legge, 50.000 firme)

Per fare Decreti legislativi serve legge delega che contiene: principi fondamentali, criteri direttivi, oggetto, tempo limitato di emanazione.

Art. 77 C Il Governo non può, senza **delegazione delle Camere** emanare decreti che abbiano valore di legge ordinaria.

(Decreto legge) **Quando, in <u>casi straordinari</u> di <u>necessità</u> e di <u>urgenza</u>, il Governo adotta, sotto la sua responsabilità, provvedimenti provvisori con forza di legge, deve il giorno stesso presentarli per la conversione alle Camere** che, anche se sciolte, sono appositamente convocate e si riuniscono entro cinque giorni.

I decreti perdono efficacia sin dall'inizio, se non sono convertiti in legge entro sessanta giorni dalla loro pubblicazione. Le Camere possono tuttavia regolare con legge i rapporti giuridici sorti sulla base dei decreti non convertiti.

Interpretazione leggi – procedimento ermeneutico
È definito all'art. 12 delle preleggi del Codice Civile
Interpretazione 1. Letterale 2. Logica 3. Finalistica
4. Analogica 5. Principi generali

Nell'applicare la legge non si può ad essa attribuire altro senso che quello fatto palese dal significato proprio delle parole secondo la connessione di esse (1), e dalla intenzione del legislatore (2). Se una controversia non può essere decisa con una precisa disposizione (3), si ha riguardo alle disposizioni che regolano casi simili o materie analoghe (4); se il caso rimane ancora dubbio, si decide secondo i principi generali dell'ordinamento giuridico dello Stato (5).

A chi spetta la potestà legislativa?
Con la riforma del Titolo V, art. 117 "La potestà legislativa è esercitata dallo Stato e dalle Regioni nel rispetto della Costituzione, nonché dei vincoli derivanti dall'ordinamento comunitario e dagli obblighi internazionali".

Inversione gerarchie ancor più evidente da **art. 114:**

La Repubblica è costituita dai Comuni, dalle Province, dalle Città metropolitane, dalle Regioni [cfr. art. 131] e dallo Stato.

I Comuni, le Province, le Città metropolitane e le Regioni sono enti autonomi con propri statuti, poteri e funzioni secondo i principi fissati dalla Costituzione.

Roma è la capitale della Repubblica. La legge dello Stato disciplina il suo ordinamento.

Regolamento: un atto formalmente amministrativo, emesso dall'esecutivo, ma sostanzialmente normativo. Contiene norme giuridiche generali e astratte idonee ad innovare l'ordinamento giuridico di competenza.

Il regolamento è una fonte normativa secondaria. Di solito è emanato con decreto del Presidente della Repubblica.

Solitamente prima dell'emanazione si chiedere parere preventivo del consiglio di Stato L.300/97

Il regolamento non può contenere norme retroattive.

Tipologie di Regolamento – ex art. 17 L. 400/88

R. di esecuzione, specificano una disciplina di rango legislativo con norme di dettaglio

R. di attuazione e interpretazione, completa la trama dei principi fissati da leggi e decreti legislativi

R. Indipendenti, sono quelli emanati dal potere esecutivo in settori non disciplinati da una normativa primaria

R. di organizzazione

Regolamento di delegificazione ex Legge Bassanini 59/97

Risoluzione antinomie

Criterio gerarchico

Criterio cronologico

Specialità o competenza

Diritto comunitario contesto art. 11, c.2 Costituzione

L'Italia … consente in condizioni di parità con altri Stati, alle limitazioni di sovranità necessarie ad un ordinamento che assicuri la pace, la giustizia fra le Nazioni, promuove e favorisce le organizzazioni rivolte a tale scopo.

(pensato per l'adesione alla Nato è alla base dell'Ordinamento Comunitario)

Pubblica amministrazione – ART. 97 c. 2 Costituzione

I pubblici uffici sono organizzati secondo disposizioni di legge, in modo che siano assicurati il buon andamento e l'imparzialità dell'amministrazione. Nell'ordinamento degli uffici sono determinate le sfere di competenza, le attribuzioni e le responsabilità proprie dei funzionari.

Agli impieghi nelle pubbliche amministrazioni si accede mediante concorso, salvo i casi stabiliti dalla legge.

Il buon andamento è stato normato dalla L. 241/90 art. 1 (trasparenza procedimento amministrativo.

BUON ANDAMENTO	IMPARZIALITA'
Buon senso	Equidistanza
Economicità	Par Condicio 'tutti sullo stesso piano'
Efficacia	
Efficienza	
Ragionevolezza	
Pubblicità	

L'art. 97 si coniuga con il più generale principio di uguaglianza Art. 3 C:

Tutti i cittadini hanno pari dignità e sono eguali davanti alla legge, senza distinzione di sesso, di razza, di lingua, di religione, di opinioni politiche, di condizioni personali e sociali. (parte precettiva – tutti uguali)

È compito della Repubblica rimuovere gli ostacoli di ordine economico e sociale, che, limitando di fatto la libertà e l'eguaglianza dei cittadini, impediscono il pieno sviluppo della persona umana e l'effettiva partecipazione di tutti i lavoratori all'organizzazione politica, economica e sociale del Paese. (parte programmatica – rimuovere ostacoli)

Giustizia amministrativa – Art. 103

Il **Consiglio di Stato e gli altri organi di giustizia amministrativa** hanno giurisdizione per la tutela nei confronti della pubblica amministrazione degli interessi legittimi e, in particolari materie indicate dalla legge, anche dei diritti soggettivi.

La **Corte dei conti** ha giurisdizione nelle materie di contabilità pubblica e nelle altre specificate dalla legge.

Situazioni giuridiche possono essere

Attive situazioni di vantaggio

Passive situazioni di svantaggio

Il **diritto soggettivo** è il potere che ha un individuo ed è tutelato e garantito dall'ordinamento giuridico.
Diritto **assoluto** – es. diritti reali, valgono *erga omnes*
Diritto **obbligatorio o relativo** – concerne i soggetti del rapporto ad es. debito/credito

ENTE PUBBLICO ECONOMICO è costituito con legge dello Stato

Societa' in controllo pubblico sono quelle utilità dotate di personalità giuridica in cui lo Stato o una PA detiene una quota anche maggioritaria del Capitale Sociale.

"**Legge Madia**" **124/2015** (e D. Lgs applicativi) ha risistemato e organizzato le partecipazioni pubbliche.

La PA può agire

Iure privatorium = diritto soggettivo = giudice ordinario

Iure Imperium = interesse legittimo = tribunale amministrativo

PRINCIPI COSTITUZIONALI IN MATERIA AMMINISTRATIVA

Oltre ad artt. 97 e 114, principi costituzionali del **decentramento amministrativo** e delle **autonomie locali. Art. 5 Costituzione**
La Repubblica, una e indivisibile, riconosce e promuove le autonomie locali; attua nei servizi che dipendono dallo Stato il più ampio decentramento amministrativo; adegua i principi ed i metodi della sua legislazione alle esigenze dell'autonomia e del decentramento.

Decentramento organizzativo: è una figura di tipo organizzativo, porta le decisioni più vicino ai cittadini. Lo Stato italiano sceglie di puntare sul livello più vicino.

Principio dell'autonomia: il potere legislativo è nelle mani di Stato e regioni.

Principio della Riserva di legge: principio in virtù del quale è ammessa autonomia legislativa esclusiva. **Assoluta** si ha quando il legislatore riserva la disciplina della materia al legislatore (Parlamento) **relativa** quando ...

Elementi fondamentali del diritto soggettivo: tutela e potere

---

Interesse legittimo è quella particolare situazione giuridica attiva, qualificata, nella quale viene a trovarsi un soggetto nei confronti della PA, nell'esercizio del suo potere amministrativo, e consiste nell'attribuzione di poteri idonei ad incidere sulla correttezza e legittimità dell'operato della PA (Nigro)

'Qualificata' rapporto privilegiato nel procedimento amministrativo, definito ex Art. 103 c. 1 – collegato ad

---

Art. 113 Contro gli atti della pubblica amministrazione è sempre ammessa la tutela giurisdizionale dei diritti e degli interessi legittimi dinanzi agli organi di giurisdizione ordinaria o amministrativa.

Differenze di tutela: la tutela del diritto soggettivo determina una tutela di tipo risarcitorio. Nell'interesse legittimo è più ampia: non solo risarcitoria ma anche annullamento dell'atto.

Da distinguere: interessi collettivi (es. sindacati) e interessi diffusi

ATTI AMMINISTRATIVI E TEORIA PROCEDIMENTALE

La PA nel suo agire amministrativo emette atti amministrativi.

Gli atti amministrativi possono essere **negoziali o non negoziali**.

Negozio giuridico: manifestazione di volontà volta ad uno scopo pratico idoneo a costituire, modificare, estinguere una situazione giuridicamente rilevante.

La PA agisce (l. 241/90) attraverso **provvedimenti amministrativi**

Teoria della procedimentalizzazione dell'attività amministrativa

$$A_{-\ atto\_\ atto\ \_\ atto\ \_\ atto\ \_\ atto\ \_\ atto\ \_}B$$

Internamente: **atti endoprocedimentali**

Atto presupposto è quell'atto amministrativo il cui effetto (atto endoprocedimentale, cioè interno ad un procedimento più ampio) è dotato di autonoma capacità lesiva della sfera giuridica del soggetto e come tale va impugnato entro 60 giorni.

LE FASI del procedimento amministrativo **AVVIO** (PER ISTANZA DI PARTE O DI UFFICIO) - **ISTRUTTORIA – FASE DECISORIA – INTEGRATIVA DELL'EFFICACIA** (FASE CONTROLLO)

CARATTERISTICHE FONDAMENTALI DEL PROVVEDIMENTO AMMINISTRATIVO

Il provvedimento amministrativo si definisce come **l'atto contenente la volontà della PA rilevante all'esterno, destinato ad incidere sulla sfera giuridica del destinatario**, ampliandola (es. autorizzazione) o restringendola (es. espropriazione).

CARATTERISTICHE FONDAMENTALI PROVVEDIMENTO AMMINISTRATIVO

1. Unilateralità o autoritarietà (forza giuridica) consiste nell'imporre unilateralmente modificazioni nella sfera giuridica del destinatario/i.

2. Efficacia è la capacità del provvedimento amministrativo di produrre effetti giuridici.

3. Esecutorietà è una particolare caratteristica soltanto di taluni provvedimenti amministrativi e deve essere espressamente prevista dalla legge. L'esecutorietà consente di dare attuazione al provvedimento amministrativo senza attendere la pronuncia del giudice.

4. Tipicità, tutti i provvedimenti amministrativi sono tipici nel senso che sono espressamente previsti dalla legge

5. Nominatività, per ogni specifico interesse pubblico da raggiungere è previsto uno specifico provvedimento amministrativo.

VIZI DI LEGITTIMITA' DEL PROVVEDIMENTO AMMINISTRATIVO

Il provvedimento amministrativo può essere affetto da un vizio di legittimità. La l. 241/90 contempla tre possibili vizi

    a) Incompetenza (relativa)

    b) Violazione di legge

    c) Eccesso di potere

Art. 21-octies **Annullabilità del provvedimento** 1. E' annullabile il provvedimento amministrativo adottato in violazione di legge o viziato da eccesso di potere o da incompetenza.

Incompetenza relativa si ha quando un provvedimento viene assunto da un soggetto non avente il potere di emanarlo in seno alla medesima amministrazione pubblica. Il provvedimento in tal caso è annullabile.

Violazione di legge si ha quando viene violata una norma primaria la giurisprudenza del Cons. di Stato ha tuttavia ritenuto che anche la violazione di regolamenti, atti normativi secondari, integra il vizio di legittimità.

Un esempio di violazione di legge è reperibile nell'art. 3 della L. 241/90 concernente la **motivazione del provvedimento amministrativo** = l'insieme delle ragioni sia di fatto che di diritto che hanno determinato l'agire/decisione della PA.

La motivazione non è richiesta per **gli atti normativi** e a contenuto generale in quanto i medesimi, caratterizzati da norme generali e astratte, **non hanno autonoma capacità lesiva**.

Il comma III art. 3 della L. 241/90 contiene il fenomeno della cosiddetta **motivazione per relationem** vale a dire che è possibile richiamare per far emergere le ragioni delle decisioni un altro provvedimento a cui si rinvia per la relativa motivazione. Ovviamente il provvedimento cui si rinvia deve essere reso disponibile insieme al provvedimento finale.

Eccesso di potere è il più ampio dei tre, è definito come il 'vizio della causa del provvedimento amministrativo'. In altri termini, si ha eccesso di potere quando il potere in concreto esercitato da una PA viene esercitato per un fine diverso rispetto a quello per il quale era stato concesso.

Affinché si determini il vizio di **eccesso di potere** occorrono i seguenti elementi:

a) esistenza di un potere discrezionale

b) esercizio della discrezionalità in modo deviante rispetto al fine
c) pregiudizio per un soggetto

L'eccesso di potere è un vizio ampio e di natura indefinita rispetto agli altri due.

Figure sintomatiche <u>ECCESSO DI POTERE</u> (giurisprudenza amm.)

   a)   Disparità di trattamento
   b)   Manifesta ingiustizia
   c)   Sviamento di potere
   d)   Motivazione insufficiente o contraddittoria

ELEMENTI ESSENZIALI DEL PROVVEDIMENTO AMMINISTRATIVO

Non sono espressamente rinvenibili nella normativa di materia ma sono trasposti dal cc 1323 (contratto). Dottrina (Sandulli):

> a) **Oggetto** (il bene su cui l'atto produce effetti)
> b) **Contenuto**
> c) **la finalità**, vale a dire la causa del provvedimento
> d) **i/l destinatari/o**
> e) **la forma** – disputa dottrina/giurisprudenza
> f) **l'autorità pubblica** che emette il provvedimento

La mancanza di anche uno solo degli elementi essenziali determina nullità del provvedimento amministrativo.

> ### 21 septis della 241/90.
> E' **affetta da difetto assoluto di attribuzione** (l'autorità che emette atto è carente in senso assoluto del potere di farlo), **in violazione o elusione del giudicato** (sentenza non più impugnabile), **nonché negli altri casi espressamente previsti dalla legge (richiama art. 11 secondo comma 241)** accordi integrativi o sostitutivi del **provvedimento.** In questo caso a pena nullità vanno messi per iscritto, salvo ipotesi residuali.

LEGGE 241/90

La legge 241/90 nasce in applicazione dei principi di buon andamento e imparzialità contenuti nell'art. 97 della Costituzione. Infatti i sottoprincipi/criteri di economicità, efficacia, pubblicità, trasparenza, che fino all'entrata in vigore della L. 241/90 avevano ricevuto un'elaborazione giurisprudenziale, vengono normati nell'art. 1 della legge in argomento. Il medesimo I comma richiama altresì i principi dell'ordinamento comunitario, come noto, ordinamento diverso e sovraordinato rispetto a quello nazionale.

> 1. L'attivita' amministrativa persegue i fini determinati dalla legge ed e' retta da criteri di economicita', di efficacia e di pubblicita' secondo le modalita' previste dalla presente legge e dalle altre disposizioni che disciplinano singoli procedimenti.

Particolarmente importante è l'art. 2 L. 241/90 intitolato **"Conclusione del procedimento"**. In esso si sancisce che

> Art 2. "La PA ha il dovere di concludere qualsiasi procedimento amministrativo con l'adozione di un provvedimento amministrativo espresso entro 30 giorni dall'avvio dello stesso".
> E' possibile definire un termine più ampio ma tutto ciò può avvenire con adeguato regolamento.

Altro passaggio della massima importanza è contenuto **nell'art. 3 concernente la motivazione del provvedimento. È obbligatoria per tutti i provvedimenti amministrativi e può definirsi come l'insieme delle ragioni di fatto e di diritto che hanno portato ad assumere quella determinata decisione. La motivazione è la tipica espressione del potere discrezionale della PA** nel senso che ogni qualvolta la PA agisce con discrezionalità amministrativa (vale a dire che ha un potere di scelta tra più comportamenti tutti leciti) deve spiegare il perché ha adottato la scelta a piuttosto che la b o la c.

Il comma II dell'art. 3 prevede che **la motivazione non è richiesta per gli atti normativi e per gli atti a contenuto generale**.

La ratio di questo secondo comma si ha nel fatto che tali atti non hanno capacità lesiva autonoma nei confronti dei destinatari.

RICORSO AMMINISTRATIVO

Ricorso gerarchico proprio/improprio

Ricorso in opposizione si fa verso la stessa autorità che ha emanato l'atto.

Ricorso al Presidente della Repubblica è alternativo al TAR, tempo di 180 giorni

Con il ricorso amministrativo viene inoltrata un'istanza diretta ad ottenere l'annullamento o la revoca o la riforma di un atto amministrativo.

IL RIESAME
ANNULLAMENTO D'UFFICIO E REVOCA

Revoca - 21 QUINQUIES Revoca del provvedimento 1. Per sopravvenuti motivi di pubblico interesse ovvero nel caso di mutamento della situazione di fatto o di nuova valutazione dell'interesse pubblico originario, il provvedimento amministrativo ad efficacia durevole puo' essere revocato da parte dell'organo che lo ha emanato ovvero da altro organo previsto dalla legge. La revoca determina la inidoneita' del provvedimento revocato a produrre ulteriori effetti. Se la revoca comporta pregiudizi in danno dei soggetti direttamente interessati, l'amministrazione ha l'obbligo di provvedere al loro indennizzo.

Annullamento – 21 nonies 1. Il provvedimento amministrativo illegittimo ai sensi dell'articolo 21-octies puo' essere annullato d'ufficio, sussistendone le ragioni di interesse pubblico, entro un termine ragionevole e tenendo conto degli interessi dei destinatari e dei controinteressati, dall'organo che lo ha emanato, ovvero da altro organo previsto dalla legge.

Sono atti di ritiro emanati dalla stessa autorità che ha emanato il provvedimento originario.

La differenza è con la revoca si eliminano gli effetti dell'atto con efficazia ex nunc, mentre l'annullamento d'ufficio determina l'eliminazione dell'atto con efficacia ex tunc, cioè da quando l'atto è stato emanato.

La revoca è disciplinata dall'art 21 quinqiues della L. 241/90, mentre l'annullamento d'ufficio è disciplinato dall'articolo 21 nonies della stressa legge.

Altri: **Abrogazione, pronuncia di decadenza, mero ritiro.**

Convalescenza dell'atto, CONVALIDA, RATIFICA, SANATORIA

Conservazione, attraverso consolidazione, acquiescenza, conversione, conferma propria o impropria.

17

La **PARTECIPAZIONE AL PROCEDIMENTO** novità della 241.

Strumento essenziale, la **comunicazione di avvio del procedimento** nei confronti dei destinatari del provvedimento finale e anche dei soggetti che per legge devono intervenire nel procedimento e dei terzi che possono ricevere pregiudizio dal provvedimento finale.

Altri istituti: diritto all'intervento nel procedimento, diritto di prendere visione degli atti e di presentare memorie scritte e documenti, il preavviso di rigetto, la stipulazione di accordi integrativi e sostitutivi del provvedimento.

SEMPLIFICAZIONE DELL'AZIONE AMMINISTRATIVA

a) Conferenza di servizi è una forma di cooperazione tra pa che ha lo scopo di realizzare, attraverso l'esame contestuale dei vari interessi pubblici coinvolti, la semplificazione di provvedimenti amministrativi particolarmente complessi.

b) Gli accordi tra p.a. sono finalizzati a disciplinare lo svolgimento di attività di pubblico intersse in collaborazione, es. accordi di programma

c) silenzio devolutivo è la possibilità di chiedere ad altri organi valutazioni tecniche necessarie, quando quelli preposti non vi abbiano provveduto.

d) autocertificazioni, consente al cittadino di effettuare una dichiarazione sostitutiva per comprovare stati, fatti e qualità.

e) presentazione **istanze, segnalazioni o comunicazioni** ed eventuali risposte

f) SCIA Segnalazione Certificata inizio attività per ogni autorizzazione, licenza, concessione non costitutiva, permesso o nulla osta. Salvo vincoli ambientali e paesaggistici e sicurezza/difesa.

g) **silenzio assenso** che equivale a provvedimento di accoglimento nei procedimenti ad istanza di parte, per il rilascio di provvedimenti amministrativi.

GLI ACCORDI

L'esercizio consensuale dell'attività amministrativa, quei moduli convenzionali di esercizio dell'attività amministrativa in cui la PA ricerca il consenso del privato destinatario del provvedimento finale. Moduli contrattualistici o accordi.

Gli accordi integrativi o sostitutivi del provvedimento, possono **essere integrativi o sostitutivi** del provvedimento.

Accordi tra PA detti accordi di programma per realizzare opere ed interventi che rendono necessaria una sinergia di azioni.

IL PRINCIPIO DI TRASPARENZA (sempre 241/90)

Immediata e facile controllabilità di tutti i momenti e di tutti i passaggi in cui si esplica l'operato della PA per garantirne e favorirne lo svolgimento imparziale.

Diritto di accesso agli atti e ai documenti art. 22

D. legs. 33/2013 rafforza

IL DIRITTO DI ACCESSO A ATTI E DOCUMENTI AMMINISTRATIVI

DOCUMENTO AMMINISTRATIVO È qualsiasi rappresentazione grafica, fotocinematografica, elettromagnetica o di qualunque altra specie del contenuto di atti, anche interni, formati dalle pubbliche amministrazioni o comunque utilizzati ai fini dell'attività amministrativa.

CHI Compete solo ed esclusivamente ai soggetti che abbiano uno **specifico interesse alla tutela di una situazione giuridicamente**

rilevante, ossia ai portatori di una situazione qualificata, differenziata, tutelata.

Caratteri dell'interesse: deve essere attuale, personale, concreto, serio e non emulativo (non finalizzato a creare molestie e turbative).

COME- ESERCIZIO DELL'ACCESSO (DPR 184/2006) rapporto formale con richiesta e contro comunicazione o esercitato in via informale, con richiesta verbale.

Dopo 30 gg la richiesta di accesso si intende respinta.

SOGGETTI OBBLIGATI. PA, enti pubblici, amministrazioni europee, imprese di assicurazione, etc.

LIMITI tassativi, quelli previsti direttamente dal legislatore, obbligo anche alla risposta negativa.

Regolamento governativo che dispone i casi di sottrazione all'eccesso.

LIMITI facoltativi, individuati direttamente e discrezionalmente dalle singole amministrazioni.

TUTELA si svolge **dinanzi al giudice amministrativo** in sede di giurisdizione esclusiva.

L'ACCESSO CIVICO D. Lgs. 33/2013

Insieme all'obbligo di pubblicazione, è introdotto l'accesso civico,

Semplice, quando è omessa la pubblicazione di atti a pubblicazione obbligatoria

Generalizzato, possibilità per i cittadini di accedere a dati e documenti della p.a. anche se non resi pubblici e pur in assenza di un interesse diretto, freedom of Information Act (FOIA)

Eccezioni per sicurezza e stabilità finanziaria etc.

ART. 24 ESCLUSIONE DIRITTO DI ACCESSO

Documenti coperti dal segreto di stato, Procedimenti tributari, Provvedimenti generali, Procedimenti amministrativi su stato salute

BILANCIAMENTO ACCESSO-PRIVACY
Prevale il diritto di accesso in cui è preordinato all'esercizio del diritto di difesa di un interesse giuridicamente rilevante.
Privacy: Consiglio di Stato "tra diritto di accesso e privacy prevale NORMALMENTE il primo tranne quando lede i dati sensibilissimi".

Regolamento UE 2016/679: accesso limitato e strettamente indispensabile mentre in presenza di dati idonei a rivelare lo stato di salute e vita sessuale (**dati supersensibii o sensibilissimi**) l'accesso è ristretto.

E-GOVERNMENT E INFORMATIZZAZIONE, TRASPARENZA DIGITALE
Art 3bis della 241/90: le pa devono **incentivare l'uso della telematica** sia nei rapporti interni che con i privati.
Codice dell'amministrazione digitale CAD, diritti imprese e cittadini finalizzata a semplificare i rapporti con pa e predispone nuovi strumenti digitali, disegna le basi di un federalismo efficiente e predispone gli strumenti opportuni per una pa che funzioni meglio e costi meno.

Carta cittadinanza digitale:
Diritto uso tecnologie
Diritto all'identità digitarle e diritto al domicilio digitale,

---

diritto di effettuare qualsiasi pagamento con modalità informatiche

diritto all'utilizzo del domicilio digitale

diritto a servizi on-line semplici e integrati

alfabetizzazione informatica cittadini.

Documenti informatici

Il documento informatico è un documento elettronico che contiene la rappresentazione informatica di atti, fatti o dati giuridicamente rilevanti. Il suo valore probatorio è connesso alla **firma** = sottoscrizione di un documento.

PEC = sistema di comunicazione in grado di attestare l'invio e l'avvenuta consegna di un messaggio di posta elettronica e di fornire ricevute opponibili a terzi.

I CONTRATTI PUBBLICI

1 bis 241/90 La pubblica amministrazione, nell'adozione di atti di natura non autoritativa, agisce secondo le norme di diritto privato, e salvo che la legge disponga diversamente

Contratti ordinari, vendita, locazione, appalto

Contratti speciali di diritto privato, norme speciali di diritto privato ad esempio trasporto ferroviario.

Contratti ad oggetto pubblico, commistione tra provvedimento amministrativo e contratto,. Ad esempio le convenzioni che si accompagnano alla concessione di un bene pubblico.

IL CODICE DEI CONTRATTI PUBBLICI L. 50/2016

Sistema di governance, è affidata a:

Cabina di Regia presso la Presidenza del Consiglio, monitoraggio e coordinamento

Autorità nazionale Anticorruzione ANAC, vigilanza controllo e regolazione, eroga anche atti di indirizzo e con apposita procedura ha poteri anche di intervento.

Ministero Infrastrutture e Trasporti, attività per controlli su infrastrutture anche regionali

Consiglio Superiore dei lavori pubblici, organismo consultivo in particolare per lavori statali superiori a 50 milioni di euro.

L'AMBITO DI APPLICAZIONE

Il codice dei contratti disciplina i contratti di appalto e di concessione delle amministrazioni aggiudicatrici e degli enti aggiudicatori aventi ad oggetto l'acquisizione di servizi, forniture, lavori e opere, nonché i concorsi pubblici di progettazione.

Ambito soggettivo. **Le amministrazioni aggiudicatrici** sono le amministrazioni dello Stato; gli enti pubblici territoriali; gli altri enti pubblici non economici; gli organismi di diritto pubblico; le associazioni, unioni consorzi, comunque denominati, costituiti da detti soggetti.

Enti aggiudicatori: in relazione ai <u>contratti di appalto</u> per lavori servizi e forniture o le imprese pubbliche che svolgono una delle attività di cui alle materie dei settori speciali; in relazione ai contratti di concessione, gli che svolgono attività attinenti alle materie dei settori speciali e aggiudicano una concessione per lo svolgimento di tale attività;

Chi può partecipare a una gara, operatori economici 'persona fisica o giuridica, un ente pubblico, un raggruppamento di tali persone o enti, un ente senza pg che offre sul mercato la realizzazione di lavori o opere, la fornitura di prodotti o la prestazione di servizi.

Ambito oggettivo. L'appalto è un contratto oneroso stipulato per iscritto da una o più stazioni appaltanti e uno o più operatori economici, avente per oggetto l'esecuzione di **lavori, la fornitura di prodotti, la prestazione di servizi**.

Concorsi di progettazione per fornire un piano o un progetto ad ese. Per pianificazione territoriale, forestale, paesaggistica....

SOPRA E SOTTO SOGLIA

Settori speciali i settori dei contratti pubblici relativi a gas, energia termica, elettricità, acqua, trasporti, servizi postali, sfruttamento di area geografica,

Per settori ordinari

5.548.000 per appalti di lavori e per le concessioni

144.000 per appalti di forniture e concorsi progettazione

221.000 vd. Sopra ma per amministrazioni sub centrali

750.000 per srvizi sociali sanitari etc.

Per settori speciali: 5.548.000/443.000/1.000.000

Fase propedeutica alla gara:

pianificazione e programmazione (biennale per acquisto beni – soglia 40.000- e servizi e triennale per lavori pubblici – soglia 100.000)

progettazione, tre livelli: progetto di fattibilità, definitivo, esecutivo.

STAZIONI APPALTANTI

Qualificazione, il complesso delle attività che caratterizzano il processo di acquisizione di un bene, servizio o lavoro in relazione alla capacità di programmazione e progettazione, di affidamento, di esecuzione e controllo dell'intera procedura.

Aggregazione, la stazione appaltante può procedere direttamente e autonomamente, deve essere in possesso ella necessaria qualificazione, ... se no deve ricorrere ad una **centrale di committenza**.

La procedura di evidenza pubblica

Per appalti nei settori ordinari e per le concessioni, fasi:

1. **Deliberazione a contrattare**
2. **Fase di scelta del contraente, che termina con aggiudicazione gara**
3. **Conclusione del contratto**
4. **Approvazione del contratto**
5. **L'esecuzione del contratto**

Procedura gara aperta o ristretta, partenariato per l'innovazione, procedura competitiva con negoziazione, dialogo competitivo, procedure negoziate senza previa pubblicazione di un bando di gara.

Offerta economicamente più vantaggiosa, miglior rapporto qualità prezzo
Minor prezzo
Appalti elettronici e aggregati

<u>**Gli acquisti centralizzati**</u>
Convenzioni Consip
Mercato elettronico della PA domanda e offerta si incontrano online. I soggetti aggregatori max 35

www.ingramcontent.com/pod-product-compliance
Lightning Source LLC
Chambersburg PA
CBHW030603220526
45463CB00007B/3160